Quart Verlag Luzern   Anthologie 7

huggen berger fries
Adrian Berger, Lukas Huggenberger, Erika Fries

huggenbergerfries – Adrian Berger, Lukas Huggenberger, Erika Fries
7. Band der Reihe Anthologie

Herausgeber: Heinz Wirz, Luzern
Konzept: huggenbergerfries, Zürich; Heinz Wirz
Fotos: Beat Bühler, Zürich. Ausser: Daniel Gerber, Zürich S. 32 o., 33 r.
Grafische Umsetzung: Quart Verlag, Luzern
Lithos: Printeria, Luzern
Druck: Beagdruck, Emmenbrücke

© Copyright 2008
Quart Verlag Luzern, Heinz Wirz
Alle Rechte vorbehalten
ISBN: 978-3-907631-99-7

Quart Verlag GmbH
Denkmalstrasse 2, CH-6006 Luzern
Telefon +41 41 420 20 82, Telefax +41 41 420 20 92
E-Mail books@quart.ch, www.quart.ch

Printed in Switzerland

Anthologie 7 – Notat								5
Heinz Wirz

Relative Architektur								6
Eine Erweiterung des Kontextbegriffes
Lukas Huggenberger, Adrian Berger

Tramwartehalle Paradeplatz, Zürich					10

Schulhaus Mitte, Uetikon am See						14

Albisriederhaus, Zürich								20

Verwaltungsgebäude Kollerhof, Zürich					24

Stadthaus Zurlindenstrasse, Zürich						28

Gleisbogen, Zürich West							36

Vision Mitte, Brugg-Windisch						38

Zentrum für Alterspsychiatrie, Pfäfers					40

Wohnhaus, Herrliberg								42

Wohnüberbauung Gries, Volketswil						44

Kantonsschule, Heerbrugg							46

Werkverzeichnis								48

Biografien, Auszeichnungen, Vorträge, Bibliografie			52

Anthologie 7 – Notat
Heinz Wirz

In Zürich hat sich – nicht zuletzt dank engagierter Architekten im städtischen Bauamt – eine überaus aktive Architekturszene etabliert. Ihr Wirkungsfeld ist nicht nur das dichte städtische und vorstädtische Gewebe, sondern es sind auch die umliegenden Gemeinden, die im Sog der Grossstadt Zürich stehen. Es dominieren städtebauliche Strukturen, der räumliche Kontext, die soziokulturellen Voraussetzungen, Bedingungen des Verkehrs, dichte Freiräume und Hinterhof-Idyllen. Hier gilt es, diese Zusammenhänge vertieft zu analysieren, denn nicht selten leben die Bauten von ihrem Kontext und von der Art, wie sie sich darin verhalten.
Nach unterschiedlichen Ausbildungen haben Adrian Berger und Lukas Huggenberger im Jahr 2000 ihr eigenes Büro in Zürich gegründet und dieses jüngst mit Erika Fries zu einem Dreierteam erweitert. Aus einer beachtlichen Zahl von Wettbewerbserfolgen konnten seither einige Projekte realisiert werden. Geschult an der Praxis ebenso wie an der Theorie, haben sich die Architekten von Anfang an auch mit Umbauten, Erweiterungsbauten und Restaurierungen beschäftigt. Das Haus an der Zurlindenstrasse ist ein Beispiel dafür, wie eine selbstverständliche und raffinierte Verbindung zwischen einem bestehenden Gebäude und einem Neubauteil geschaffen werden kann. Der kleinteiligen Einheit des bestehenden städtischen Doppelhauses wird ein grosses turmartiges Gebäude angefügt, das ausser dem Schlafbereich alle Funktionen eines Wohnhauses vereint und als Baukörper zwischen Einzelhaus und Zeilen-Kopfbau oszilliert. Auch ausserhalb des städtischen Gewebes verfolgt das Architektenteam ein vielschichtiges Entwerfen. Während das Schulhaus Mitte in Uetikon am See in seinem Grundriss intelligent aufgeteilt und entschieden strukturiert ist, alterniert sein Äusseres zwischen strenger Ordnung, reicher Tektonik und einer poetisch anmutenden, gleichsam entmaterialisierten Leichtigkeit.

Luzern, im Juni 2008

Relative Architektur
Eine Erweiterung des Kontextbegriffes
Lukas Huggenberger, Adrian Berger

Ein Gebäude erzählt viel über die Kultur, in der es entstanden ist. Es ist ein Spiegel der Gesellschaft und der örtlichen Bedingungen – also des Kontexts. Wir wollen dieser Erkenntnis entsprechend die narrative Dramaturgie eines Projektes kontrollieren und so ein dichtes Netz von Relationen knüpfen.

Was bedeutet Kontext?
Der Begriff des Kontextes verweist schon auf seine Bedeutung: contextus im Lateinischen heisst Zusammenhang, Verknüpfung, Verbindung. Der Kontext ist also das Mittel um einen Begriff oder in unserem Falle eine Architektur, in einen Zusammenhang zu stellen. Der Duden definiert: «Der ein Wort umgebende Text, durch den die Bedeutung des Wortes erst klar wird.» Kontext stellt also nicht nur einen Zusammenhang her, sondern ist im Gegenteil integraler Bestandteil des Wortes. Erst durch den Kontext erhält dieses seine spezifische Bedeutung. In gleichem Masse gilt dies für den architektonischen Kontext. Er soll Architektur in einen örtlichen und kulturellen Zusammenhang stellen. Dabei unterscheiden wir drei Arten von Kontext: Historischer Kontext: geschichtliche Entwicklung eines Ortes, aber auch einer Bauaufgabe, eines Baumaterials, oder einer Nutzung; sozialer Kontext: gesellschaftliche Bedeutung des Ortes, des Gebäudes oder der Nutzung und räumlicher Kontext: räumliche, topographische Situation, Baustruktur, Vegetation.
Der Zusammenhang, der einen architektonischen Eingriff mit Sinnfälligkeit erfüllt, leitet sich aus der Analyse dieser drei Facetten des Kontextes ab. Architektur in einen Kontext zu stellen kann viele Formen annehmen; in der Form drückt sich aus, was an schöpferischer Gedankenarbeit geleistet wurde. Je grösser das architektonische Repertoire, desto differenzierter und komplexer kann der Bezug gestaltet werden. Die Frage, in welchem Stil wir bauen sollen, darf sich in diesem Zusammenhang nicht stellen. Der poetische Realismus der kontextuellen Architektur ist eine stilpluralistische Methode. Stilistische Vorlieben arbeiten gegen den Kontext.
Architektur ist Mittel zur komplexen Perzeption der Umwelt. Sie hat damit den Charakter eines Werkzeugs. Die Herausforderung liegt darin, die Grenzen der eigenen Wahrnehmung zu bestimmen. Der Betrachter soll im besten Fall seine individuellen Erfahrungen anhand der Architektur erweitern. Verständlichkeit und Bedeutung fordern kulturelle Spielregeln. Auf dieser Basis kann und soll ein Gebäude aber auch irritieren, es soll

komplex sein, die Bereitschaft zum genaueren Hinsehen fördern. Der Architekt befindet sich wie der Betrachter in einem kulturellen Kontext. Sein Mittel ist die Neukombination von Erfahrungen seines kulturellen Hintergrunds mit den Erkenntnissen aus der Analyse des Kontexts, gewissermassen ein Sampling zu einem neuen Sound.

Entwurfsstrategien: Verfremdung, Metapher, Analogie
Grundlage zur Erfahrung der Umwelt des Menschen ist die Fähigkeit diese zu imitieren. Schon das Kind versucht sich die Welt über die Nachahmung zu erschliessen. Walter Benjamin lässt sich in seinem Essay *Lehre vom Ähnlichen* zur Aussage hinreissen: «Die Natur erzeugt Ähnlichkeiten; man brauche nur an die Mimikry zu denken. Die allerhöchste Fähigkeit im Produzieren von Ähnlichkeiten aber hat der Mensch. Ja, vielleicht gibt es keine seiner höheren Funktionen, die nicht entscheidend durch mimetisches Vermögen mitbestimmt ist.»[1] Architektur, die sich um den Kontext kümmert, ist eine narrative Kunst, und ihre Themen

[1] Walter Benjamin: Medienästhetische Schriften (1925–1940), Frankfurt am Main: Suhrkamp Verlag 2002. S. 117

unterscheiden sich nicht wesentlich von den übrigen narrativen Künsten. Der Architekt kann die Geschichten eines Ortes weitererzählen und einem Regisseur gleich beeinflussen. Dazu können Verfremdung, Metapher und Analogie angewandt werden.

Verfremdung ist eines der ältesten Mittel, aus Bestehendem Neues herauszuschälen. Das hat nicht das penetrante Auftreten einer Innovation, die davon ausgeht, dass alles Neue per se besser ist. Die Verfremdung verbindet das Neue mit dem schon Gesehenen und wirft dadurch sowohl auf das Bestehende als auch auf das Verfremdete ein neues Licht, das beide in einen poetischen Schein taucht. Verfremdung findet sich in vielen Elementen der Architektur. So zum Beispiel in Klötzchenfriesen, welche sich aus der konstruktiven Realität zu einem architektonischen Element entwickelten. So hat sich das Bild der Holzbalken, welche das Dach tragen, weiterentwickelt und ist zu einem Ornament geworden, das die Geschichte seiner Herkunft erzählt.

Die Metapher ist keine lineare Ableitung aus etwas Bestehendem. Im Gegensatz zur Literatur gibt es in der Architektur keine eindeutigen Konventionen über die Bedeutung eines Bauteils oder eines formalen Ausdrucks. Häufig hat das Vorbild der Metapher nichts mit der strukturellen Logik des Gebäudes zu tun. Die Metapher lässt also sehr viel mehr Interpretationsspielraum zu als die Verfremdung. Ihr Mittel ist die Assoziation. Diese stellt eine lose Verwandtschaft her zwischen dem Objekt und dem Kern der Metapher und erzeugt beim Betrachter eine wohltuende Irritation. Beim Anblick des Objekts fühlt er sich an etwas erinnert, das er stimmungsmässig einordnen kann, der genaue Zusammenhang erschliesst sich aber nicht direkt. Die Beziehung zum Ursprung der Metapher überträgt sich aber auf das betrachtete Objekt. Metaphern werden häufig der natürlichen Umwelt entlehnt. Die klassische Architektursprache bildet Säulenkapitelle aus, die mit Pflanzenmotiven metaphorisch überhöht werden.

Die Analogie schliesslich ist mit der Assoziation verwandt, sie bedient sich jedoch der inneren Logik eines Vorbildes, um diese in die Architektur zu transportieren. Gemeint ist mit der Analogie nicht das Zitat. Dieses ist zwar eine Art Analogie, bezieht sich aber vor allem auf den formalen Charakter eines Vorbildes. Gemeint ist hier die Analogie, welche die Stimmung – gewissermassen die beseelte Poesie – eines Vorbildes auf Architektur überträgt. Die Analogie ist ein Mittel, um Architektur in einen direkten Zusammenhang mit dem Kontext zu stellen. Mit Analogien wird zum Beispiel in der Moderne das neue Streben nach Licht und Luft zur Schiffsästhetik verdichtet, welche den Ausdruck und die Konstruktion von Gebäuden stark beeinflusste.

Arbeitsmethodik: form follows fiction

Uns interessiert die Geschichte, die das Resultat eines architektonischen Prozesses erzählt. Technik ordnet sich diesem Ziel unter, kann aber ebenfalls einen Beitrag zur dramaturgischen Verdichtung der Narration leisten. Die Umsetzung spielt in unseren Projekten sowohl in der Konzeption wie in der Konstruktion eine wichtige Rolle. Er verbrüdert die intellektuelle Leistung mit der Realität der Baustelle. Die technische Ausführung trägt so etwas zum Gesamtbild bei und beeinflusst dieses im Kern. Der Bau ist nicht nur die postume Umsetzung einer akademischen Leistung, sondern wichtiger Teil eines Ganzen.

Vorbilder für narrative Gestaltungsprinzipien beziehen wir auch aus der Kunst. Die Fotografien von Jeff Wall werden mit grossem Aufwand auf einen Augenblick hin inszeniert, um ein Destillat einer zeitlichen Entwicklung zu liefern. Der Realismus dieser Bilder verknüpft das verdichtete, surreale Geschehen mit der körperlichen Realität des Betrachters und lässt diesen daran teilhaben. Dadurch entsteht eine bedeutungsvolle Geschichtlichkeit, die gleichzeitig irritierend und selbstverständlich ist: form follows fiction.

Tramwartehalle Paradeplatz, Zürich

Die Bahnhofstrasse und der Limmatquai sind die beiden Hauptstränge, welche das Stadtzentrum begrenzen. Die wichtigsten Plätze entlang dieser Hauptstränge sind stark geprägt durch die Bauten des öffentlichen Verkehrs. Deren Neugestaltung aus den 30er-Jahren unter Stadtbaumeister Herman Herter prägt ihren Charakter.

Neugestaltung
Wettbewerb: 2001
Ausführung: 2002–2003

Die bestehende Tramwartehalle am Paradeplatz ordnete sich durch ihre Position und die Anpassung an die Geometrie der Tramgeleise gut in dieses Konzept ein. Durch verschiedene Umbauten wurde ihr Ausdruck allerdings stark beeinträchtigt. Mit der Neugestaltung wird das Raumangebot mehr als verdoppelt.

Die architektonische Sprache ist aus dem Bestand heraus entwickelt. Dabei sind einige Teile, wie die stirnseitige Rundbank analog dem Bestand auf der einen Seite wieder hergestellt. Andere Teile wie das mittlere Volumen mit Kiosk und Eingängen sind im Geist des Bestandes neu entworfen. Trotz dem Umstand, dass bis auf die Rundbank und die Verglasung zur Westseite das ganze Haus neu ist, und sogar das Dach markant vergrössert ist, wird die neue Tramwartehalle als gewachsener Teil des Kontextes wahrgenommen.

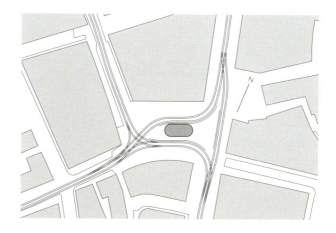

11

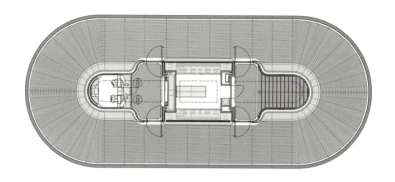

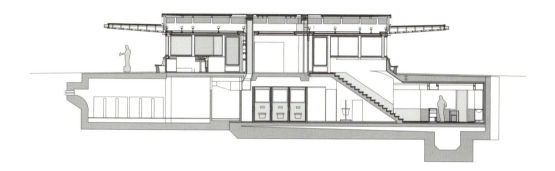

5 m

Schulhaus Mitte, Uetikon am See

Das Dorf Uetikon setzt sich aus gewachsenen Kernen kleiner Weiler zusammen. Der Schulcampus und die Sportanlage sind von diesen umgeben. Das Schulhaus Mitte bildet, wie sein Name sagt, das neue Zentrum der Schulanlage und wird von allen Schulstufen benützt.
Das Gebäude verfügt über zwei Eingänge und zwei gleichwertige Treppenhäuser. Die Treppen sind an der inneren Halle angegliedert und diagonal versetzt, so dass aus der inneren Halle die Aussicht auf Park und See geöffnet wird. Im Erdgeschoss befinden sich Spezialräume wie z. B. der Veranstaltungsraum für die gesamte Schulanlage. In den Obergeschossen sind in einer flexiblen Struktur die Schulräume untergebracht. Die Klassenzimmer liegen in den Gebäudeecken. Die Gruppenräume sind sowohl aus den Schulzimmern wie aus der Erschliessungszone zugänglich.
Das statische Konzept wurde mit Walt & Galmarini entwickelt und greift Hand in Hand mit dem architektonischen Ausdruck. Um die Bauzeit vor Ort zu verkürzen und um die verschiedenen Spannweiten aufnehmen zu können sind die Decken als vorfabrizierte Rippenelemente konzipiert. Diese prägen die Atmosphäre der Schulräume und sind aussen durch das Fassadenrelief abgebildet. Die Fassade ist ebenfalls elementiert und aus Weisszement gebundenem Beton vorfabriziert. Sand und Korn des Betons sind aus Marmorabfällen, die Oberflächen sind sandgestrahlt.

Wettbewerb: 2002
Ausführung: 2003–2005
Mit Walt+Galmarini, Zürich

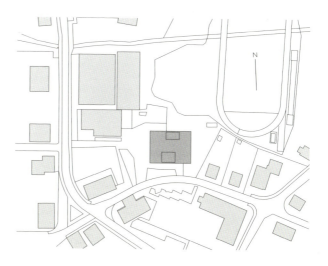

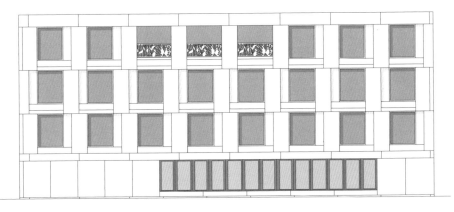

10 m

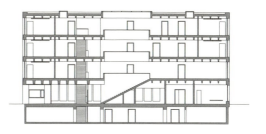

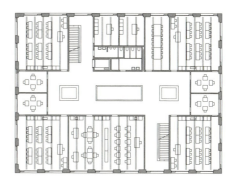

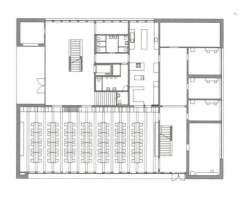

Albisriederhaus, Zürich

Das Albisriederhaus wurde 1934 durch den Architekten Karl Egender in Zusammenarbeit mit Wilhelm Müller erbaut. Der niedrige Strassentrakt folgt dem Verlauf der Albisriederstrasse. Senkrecht dazu steht der höhere Gebäudetrakt mit dem grossen Saal im ersten Obergeschoss. Die äusserst ausgedünnte Struktur des Saaltraktes stammt von Robert Maillart.
Mit dem Umbau des Albisriederhauses zu einem Sozialzentrum der Stadt Zürich wurde – um genügend Bürofläche zu schaffen – in den Saal eine neue Ebene eingezogen. Um die bestehende Struktur möglichst wenig zu tangieren, ist der neue Boden als Leichtkonstruktion ausgebildet. Sämtliche Medien für die beiden Bürogeschosse werden in dieser Decke geführt. Damit die räumliche und statische Struktur weiter lesbar bleibt wurde an der Westfassade ein zweigeschossiger Erschliessungsraum für den Publikumsverkehr eingeführt. Zwischen dem öffentlichen Bereich und den Teambüros liegen die Besprechungszimmer, die von beiden Seiten erschlossen sind. Durch die grosszügige Verglasung des Saaltraktes wird die Tragstruktur zu einem wichtigen Ausdrucksmittel des Gebäudes. Dadurch entsteht ein vielschichtiges inneres Raumgefüge, das viel über die Geschichte des Gebäudes erzählt.

Sanierung und Umbau
Wettbewerb: 2002
Ausführung: 2002–2005

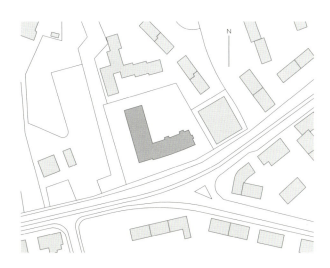

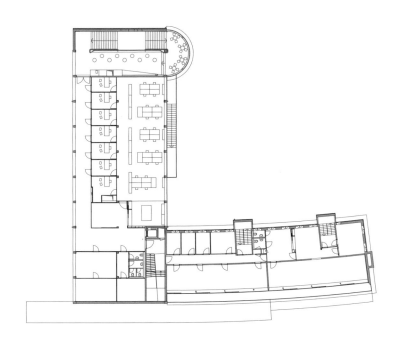

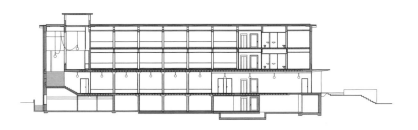

10 m

Verwaltungsgebäude Kollerhof, Zürich

Der Kollerhof wurde 1931 durch den Architekten Hermann Weideli erbaut. Das Gebäude schliesst den Block zur Hohlstrasse hin mit dem stromlinienförmigen Baukörper ab. Eingang und Treppenhaus liegen an der Stirnseite. Mit der Gesamtsanierung für das neue Kreisgebäude des Kreises 4 wurden die Grundrisse neu disponiert. Im ersten Obergeschoss ist das Kreisbüro mit den öffentlichen Schaltern untergebracht, darüber befinden sich Büros aller quartierbezogenen öffentlichen Dienstleistungen der Stadt.

Die neuen Einbauten führen das Spiel mit Gebäudeform und Struktur des Bestandes weiter. Der Umgang um die abgerundeten Kernzonen führt das Licht in die Korridorbereiche. Die Eckzimmer werden mit dem gleichen Prinzip erschlossen. Der abgerundete Grundriss wird mit der etwas sperrigen Betonstruktur des Gebäudes konterkariert.

Das Farbkonzept unterstützt den weichen, fliessenden Schattenwurf, den die abgerundeten Formen generieren. Farbe und Formgebung sind aus dem Bestand entwickelt und doch sehr zeitgemäss. Dadurch kann das Verhältnis zwischen Vergangenheit, Gegenwart und der weiteren Entwicklung neu definiert werden.

Sanierung und Umbau
Wettbewerb: 2005
Ausführung: 2005–2006

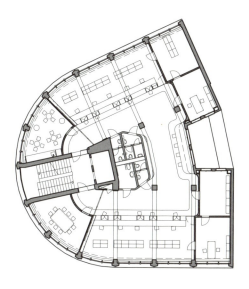 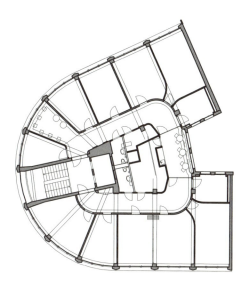

10 m

Stadthaus Zurlindenstrasse, Zürich

Das ruhige Quartier um den Idaplatz hat einen einmaligen städtischen Charakter. Es entstand in der Gründerzeit, zwischen 1890 und 1900. Mit dem Wohnhaus wird die letzte Baulücke im Quartier geschlossen.

Das Gebäude setzt sich aus einem bestehenden Hofhaus und einem strassenseitigen Neubau zusammen. Die Wohnungen in den unteren vier Geschossen erstrecken sich über Alt- und Neubau. In der kleinteiligen Struktur des Altbaus befinden sich die Schlafräume, im Neubau sind die Wohnräume, das natürlich belichtete Treppenhaus und die grosszügige Eingangshalle untergebracht. In den obersten beiden Geschossen des Neubaus befindet sich zusätzlich eine Duplexwohnung. Die glasierte Keramikverkleidung akzentuiert durch ihr Profil und durch die Lichtreflexe die turmartige volumetrische Höhenentwicklung. Form und Farbe der Keramikplatten wurden speziell für dieses Gebäude entwickelt. Die Fassade baut auf einem hinterlüfteten Sto-Verotec-System auf. Die massiven Fenstergewände unterstreichen den monolithischen Charakter und binden das Gebäude in den gründerzeitlichen Strassenzug ein. Die ornamentalen Geländer schliessen den Baukörper ab und verbinden diesen mit dem Himmel.

Ausführung: 2004–2006

10 m

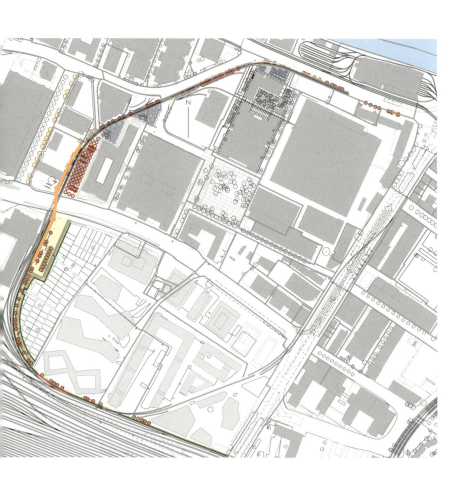

Gleisbogen, Zürich-West

Der Gleisbogen bildet das Rückgrat für die Freiräume auf den angrenzenden Arealen, welche mittels einer Gestaltungsstrategie geplant und geordnet werden sollen. Der Bogen, als Bewegungsraum deklariert, erhält eine klare gestalterische Prägung durch Ginkgo-Baumgruppen und einen Gleisband aus roten Betonplatten als Wegmarke. Der Weg beginnt am Escher-Wyss-Platz und führt bis ins Maag-Areal.
Strategisches Instrument für den Transformationsprozess ist die Spielanleitung. Bewusst wird das Nichtvorhersehbare in einem Entwicklungsszenario und nicht in einer finalen Setzung vorgeschlagen. Die Spielanleitung sieht vor, dass neben dem Gleisbogen (Basic Kit) ein Baukasten für Zwischennutzungsareale (Action Tools) und ein anderer Baukasten für final gestaltete Areale (Park Tools) zur Verfügung stehen. Die Stärke dieses Konzeptes liegt darin, dass für die jahrelange Umsetzungsphase dem Freiraummanagement ein Handbuch als Koordinationsinstrument geliefert wird. Zentrales Element des Basic Kit ist die Fussgängerbrücke über die Pfingstweidstrasse, welche die beiden Abschnitte des Gleisbogens miteinander verbindet. Die Form der Brücke ist aus der Geometrie der Überquerung – sowohl der Strasse wie auch des bestehenden Industriegleises – entwickelt.

Konzeption Rad- und Fussgängerbrücke
Wettbewerb: 2003
Ausführung: 2009–2010
Mit Hager Landschaftsarchitektur AG, Zürich
und Aerni+Aerni, Zürich

Vision Mitte, Brugg-Windisch

Das neu geschaffene Stadtzentrum Mitte vereinigt in seiner Ausprägung die Qualitäten der beiden Siedlungskerne Brugg und Windisch. Die dichte städtische Struktur von Brugg überlagert sich hier mit den charakteristischen und spezifischen Landschaftsräumen Windischs. Brugg und Windisch wachsen zu einem neuen Ganzen zusammen.

Dem neu geschaffenen Campus wird ein System aus verteilten landschaftlichen Landmarks zugeordnet, die sich typologisch als Interpretation vorhandener Freiraummagneten verstehen. Im neu geschaffenen Stadtzentrum werden die Landmarks zum Rückgrat des neu definierten öffentlichen Raumes. Die Gebäudevolumen ordnen sich in die Struktur der öffentlichen Räume ein. Die Drachenformen der Grundrisse ermöglichen die Respektierung der Eigentumsverhältnisse der Grundstücke. Damit können bestehende Bauten in die Stadtstruktur eingewoben werden. Trotzdem erhält das Quartier durch die kristallinen Gebäudeformen einen eigenen Charakter. Die Gebäude sollen jeweils als Einzelbauten in Erscheinung treten. Die Belichtung der tiefen Baukörper erfolgt über Höfe, die projektspezifisch angeordnet werden.

Städetbauliche Planung
Wettbewerb: 2004
Masterplan: 2004–2005
Mit Hager Landschaftsarchitektur AG, Zürich

Zentrum für Alterspsychiatrie, Pfäfers

Die mächtige Anlage des ehemaligen Benediktinerklosters kontrastiert mit der kleinteiligen Dorfstruktur von Pfäfers. Durch die Aufgliederung des Gebäudes wird die Massstäblichkeit des Kontextes aufgenommen und ein Übergang zum Dorfzentrum formuliert.
Die raumgreifenden Arme des Gebäudes definieren zusammen mit den bestehenden Stützmauern die Umgebungsgestaltung. Im West- und Südtrakt befinden sich die Stationen, im Nordtrakt sind die Behandlungs- und Therapieräume untergebracht. Die Stationen sind um ruhige, introvertierte Höfe organisiert. Diese nehmen gestalterisch unterschiedliche Bezüge zur umliegenden Bergwelt auf und dienen der Orientierung im Gebäude. Gleichzeitig wird durch diese räumliche Konstellation ein idealer Bezug zur Klosteranlage hergestellt. Die Patientenzimmer sind quer zur Fassade angeordnet und somit gut unterteilbar. Die Fassade spielt mit der Geometrie des Gebäudes. Vorfabrizierte Elemente aus einem polygonal geformten Klinkerstein evozieren das Bild einer geflochtenen Struktur. Die Backsteinstruktur wird aus Sicherheitsgründen vor den öffenbaren Fensterteilen durchgeführt.

Wettbewerb: 2004
Ausführung: 2008–2010

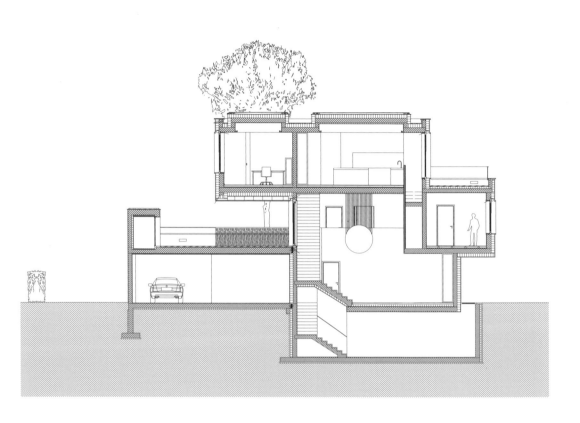

Wohnhaus, Herrliberg

Die Aussicht auf Zürichsee, die Glarneralpen und zurück auf die Stadt Zürich ist das grosse Potential des Grundstückes. Um diese Qualität zu sichern, wurde die klassische Typologie der Villa mit Garten umgekehrt. Die privateren Räume befinden sich unten, die öffentlichen Räume oben. Das Volumen setzt sich aus horizontal zueinander verschobenen Kuben zusammen. Dadurch entstehen auf jedem Geschoss grosszügige hängende Gärten. Das Gebäude gliedert sich in einen unteren Gäste- und Dienstbereich mit Eingang, Wellness, Kinderzimmer und Gästesuite. Darüber liegt der Privatbereich mit Lounge und Schlafzimmer. Im obersten Geschoss befinden sich die öffentlichen Räume mit der Aussicht über den Zürichsee. Die drei Bereiche sind über die 2-geschossige Eingangshalle und die repräsentative Kaskadentreppe miteinander verbunden. Der Schlaf- und der Wohnbereich sind über den shortcut zwischen Lounge und Küche miteinander verbunden.

Wettbewerb: 2007
Ausführung: 2008–2009

Wohnüberbauung Gries, Volketswil

Die Wohnüberbauung befindet sich zwischen der Hauptstrasse, dem unmittelbar daneben neu geplanten Gemeindehaus und dem im Entstehen begriffenen öffentlichen Park.
Der vordere, der Strasse zugewandte Teil besteht aus einem Ensemble von zwei Punkt- und zwei Zeilenbauten. Diese artikulieren den Abschluss zur stark befahrenen Strasse und bilden die öffentliche Fassade, welche zusammen mit dem neuen Gemeindehaus das Quartier aufwertet. Gegen die Strasse sind im Erdgeschoss öffentliche Nutzungen angeordnet, welche über eine Arkade erschlossen werden. Das Ensemble umschliesst einen halbprivaten Innenhof, der in einer losen Abfolge das Geviert mit dem neuen Gemeindeplatz verbindet.
Im hinteren Teil sind in einer gartenstadtähnlichen Struktur punktförmig Doppeleinfamilienhäuser angeordnet. Der Aussenraum verbindet sich mit dem Naturraum Allmend und führt diesen bis an die vordere Bebauung. Die Doppelhäuser sind in einer freien Anordnung in den Park integriert. Das ordnende Prinzip ist hier die Landschaftsgestaltung mit dem zentralen Quartiersplatz. Die städtischeren Mehrfamilienhäuser sind keramikverkleidet mit einem Putzfeld um die Fenster. Die Doppeleinfamilienhäuser sind verputzt.

Wettbewerb: 2007
Ausführung: 2008–2010

Kantonsschule, Heerbrugg

Die Kantonsschule Heerbrugg steht am Übergang der Siedlungsstruktur zum Landschaftsraum. Die Anlage setzt sich mit dem Schultrakt und dem Turnhallentrakt zu einer Z-förmigen Anlage zusammen. Mit einem viergeschossigen Neubau werden die beiden bestehenden Trakte zu einem neuen Ganzen zusammengeführt. Damit wird die Eingangssituation geklärt und dem Schulhaus zum Dorf hin ein Gesicht gegeben.
Der neue Gebäudekörper ist so gesetzt, dass die Normalgeschosse des räumlich wertvollen Westtraktes und die Turnhalle bestehen bleiben. Die bestehende Eingangshalle wird aufgewertet und zum Dreh- und Angelpunkt der Gesamtanlage gemacht. Sie wird in ihrer Funktion und Räumlichkeit gestärkt und führt den Westtrakt mit den Splitlevels in den neuen Mitteltrakt über. Zusammen mit den direkt angegliederten überhohen Räumen der Aula und Mensa bildet die zentrale Pausenhalle einen grosszügigen Eingangsbereich.
Die Erweiterung entwickelt die architektonische Sprache des Westtraktes weiter und interpretiert sie in zeitgenössischer Weise. So wird gewährleistet, dass die räumlichen und architektonischen Qualitäten des bestehenden Schulhauses zur Geltung gebracht werden und mit dem Neubau zu einem harmonischen Ganzen zusammenwachsen.

Erweiterung und Sanierung
Wettbewerb: 2007
Ausführung: 2010–2012
Mit Walt+Galmarini, Zürich

Werkverzeichnis

		Ausgeführte Bauten (Auswahl)
2000		Accu-Areal Zentrum Zürich Nord, Media Entertainment Center, Hotel und Seniorenresidenz, Zürich Oerlikon
		Umbau Flaarzhaus, Pfäffikon ZH
		Umbau Einfamilienhaus Vögeli, Winterthur
2001	1	Blumenboutique und Renovation Stadthaus Quellenstrasse 6, Zürich
		Sanierung Eingangsbereich und Treppenhäuser von 3 Stadthäusern, Zürich
2002		expo.02. Kinderprojekt Univers Sensibles, Arteplage Murten
2003		Tramwartehalle am Paradeplatz, Zürich
		Umbau Wohnhaus zu Büros, Plattenstrasse, Zürich
2004	2	Wohnüberbauung Büelstrasse, Pfäffikon ZH
2005		Sanierung und Umnutzung Albisriederhaus, Zürich
		Schulhaus Mitte, Uetikon am See ZH
	3	VBZ Busgarage Hardau, Logistik-Center, Zürich
		Städtebaulicher Masterplan Vision Mitte, Brugg-Windisch AG
2006		Wohnhaus Zurlindenstrasse 186, Zürich
		Studienauftrag Schlossstandort, Potsdam (mit Hager Landschaftsarchitektur AG, Zürich)

1   2   3

2006	4	Umbau Haus Burri, Kloten
		Umbau Verwaltungsgebäude Kollerhof, Zürich
2007	5	Dachausbau Bertastrasse 4, Zürich

Laufende Projekte
Neubau Zentrum für Alterspsychiatrie, Klinik St. Pirminsberg, Pfäfers SG
Neubau Rad- und Fussgängerbrücke Gleisbogen, Zürich West
Neubau Wohnhaus, Herrliberg
Wohnüberbauung Gries, Volketswil ZH
Erweiterung und Renovation Kantonsschule Heerbrugg SG

Wettbewerbe (Auswahl)

2000		Bootswerft mit Dienstwohnung, Pfäffikon ZH; 5. Rang
2001		Tramwartehallen am Bahnhof-, Parade- und Bürkliplatz, Zürich; 2. Rang, Auftrag zur Weiterbearbeitung
	6	Neubau Schulhaus, Hinwil ZH; 3. Rang
		Studienauftrag Umbau und Erweiterung Alterswohnungen Männedorf ZH; Ankauf
2002		Vorgehensvorschlag Albisriederhaus, Sanierung und Umnutzung zu Sozialzentrum, Zürich; 1. Rang, Auftrag zur Weiterbearbeitung
		Durchgangsbahnhof Löwenstrasse, Zürich (Mitarbeit im Team: Zalo Plus)

4   5   6

2002	7	Schweizerisches Landesmuseum, Zürich; 4. Rang
		Wohnüberbauung Büelstrasse, Pfäffikon ZH; 1. Rang, Auftrag zur Ausführung
		Erweiterung Altersheim Bruggwiesen, Effretikon ZH; 4. Rang
		Freiraumwettbewerb Leutschenbach, Zürich; 3. Rang (mit Hager Landschaftsarchitektur AG, Zürich)
2002/2003		Studienauftrag Zentrumliegenschaft, Gemeindehaus und Schule, Uetikon am See ZH; 1. Rang, Auftrag zur Weiterbearbeitung
		Studienauftrag Gleisbogen Zürich West; 1. Rang, Auftrag zur Weiterbearbeitung (mit Hager Landschaftsarchitektur AG, Zürich)
		Planungsstudien Rathausplatz, Baar ZG; 1. Rang, Auftrag zur Weiterbearbeitung (mit Hager Landschaftsarchitektur AG, Zürich)
2003	8	Studienauftrag Weihnachtsbeleuchtung Zürcher Bahnhofstrasse, Zürich
	9	Neubau Siedlung Breiteli, Thalwil ZH; 1. Rang, Auftrag zur Weiterbearbeitung
		Neubau Wohnsiedlung Brunnenhof, Zürich; 4. Rang
2004	10	Studienauftrag Viaduktbögen SBB, Zürich
		Studienauftrag Vision Mitte, städtebaulicher Ideenwettbewerb, Brugg-Windisch AG; 1. Rang, Auftrag zur Weiterbearbeitung

7

8

9

2004		Neubau Zentrum für Alterspsychiatrie, St. Pirminsberg, Pfäfers SG; 1. Rang, Auftrag zur Weiterbearbeitung
2005		Selektives Verfahren Umbau Kollerhof, Zürich; 1. Rang, Auftrag zur Weiterbearbeitung
		Kooperatives Verfahren Claridapark, Bleichiareal, Wald ZH; Auftrag zum Gestaltungsplan
2007		Pestalozzianlage, Zürich; 1. Rang (mit Hager Landschaftsarchitektur AG, Zürich)
		Studienauftrag Wohnhaus, Herrliberg ZH; 1. Rang, Auftrag zur Weiterbearbeitung
		Ersatzneubau Grüngasse, Zürich; 2. Rang
		Studienauftrag Wohnüberbauung Gries, Volketswil ZH; 1. Rang, Auftrag zur Weiterbearbeitung
		Erweiterung Kantonsschule Heerbrugg SG ; 1. Rang, Auftrag zur Weiterbearbeitung
		Freihof-Rathaus, Altstätten SG; 2. Rang
		Breitenrainplatz, Bern; 1. Rang, Auftrag zur Weiterbearbeitung (mit Hager Landschaftsarchitektur AG, Zürich)
	11	Areal Schleife, Zug
2008	12	Neubau Mehrfamilienhaus Waffenplatzstrasse, Zürich; 1. Rang, Auftrag zur Weiterbearbeitung

10

11

12

Adrian Berger

1972	geboren in Zürich
1988-1992	Lehre als Hochbauzeichner bei Künzli & Scagnetti, Pfäffikon ZH
1992-1993	Mitarbeit im Architekturbüro Vetsch, Dietikon
1992-1994	Fernlehrgang Bauökologie/Baubiologie
1994-1996	Mitarbeit im Architekturbüro Frank & Pries, Oberlunkhofen
1996-1999	Freie Mitarbeit für Frank & Pries, Oberlunkhofen
1996-1998	Fachhörer Architektur an der ETH Zürich, 5.-8. Semester
2000-	Eigenes Büro mit Lukas Huggenberger
ab 2008	huggenbergerfries AG

Lukas Huggenberger

1972	geboren in Winterthur
1993	Architekturstudium an der ETH Zürich
1995-1996	Praktikum bei Buol & Zünd Architekten, Basel
1996-1997	Praktikum bei Herzog & de Meuron Architekten, Basel
1997	Freie Mitarbeit bei Buol & Zünd Architekten, Basel
1997-1999	Tutor am Lehrstuhl Prof. Hans Kollhoff, ETH Zürich
1998	Gastsemester an der Columbia University, New York
1999	Architekturdiplom bei Prof. Hans Kollhoff, ETH Zürich
2000-	Eigenes Büro mit Adrian Berger
2005-2007	Assistenz Gastdozentur Momoyo Kaijima, ETH Zürich
ab 2008	huggenbergerfries AG

Erika Fries

1967	geboren in Sarnen
1989-1996	Architekturstudium an der ETH Zürich
1991-1992	Praktikum bei Müller, Reimann, Scholz, Berlin
1993	Praktikum bei A.D.P., Zürich
1994	Praktikum bei Hariri & Hariri Architects, New York
1995	Gastsemester an der Harvard University, Cambrigde, USA
1996	Architekturdiplom bei Prof. Hans Kollhoff, ETH Zürich
1996-1997	Mitarbeit bei Brunner & Vollenweider Architekten, Zürich
1997-1999	Projektleitung bei Buol & Zünd Architekten, Basel
seit 1999	Eigenes Büro, gemeinsame Projekte mit huggen_berger Architekten
2000-2003	Assistenz bei Professor Wolfgang Schett, ETH Zürich
ab 2008	huggenbergerfries AG

MitarbeiterInnen	Lena Bertozzi, Daniela Grüter, Naomi Hajnos, Jennifer Karrer, Beata Kunert, Nicolás Pirovino, Peter Reichenbach, Pierre Schild, Tabitha Stähelin, Stephan Isler, Claudia Wasserfallen, Carlo Zürcher

Auszeichnungen

2005	*Baupreis Zürcher Oberland 2005* (Wohnhaus Büelstrasse, Pfäffikon ZH)
2006	*Auszeichnung für gute Bauten der Stadt Zürich 2002–2005* (Erwähnung für Neugestaltung Tramwarehalle Paradeplatz, Zürich)
	Auszeichnung für gute Bauten der Stadt Zürich 2002–2005 (Erwähnung für Umbau Albisriederhaus, Zürich)
2008	*AIT-Caparol Architekturpreis Farbe-Struktur-Oberfläche* Murjahn-Medaille 2008 (Stadthaus Zurlindenstrasse, Zürich)

Vorträge

2002	plugin Basel: Vortrag zum Thema Beleuchtung und öffentlicher Raum
2003	Architekturforum Zürcher Oberland: Kontext
2005	RWTH Aachen: Land Schaft Architektur, Vortrag mit Guido Hager zum Thema Interdisziplinarität zwischen Landschaftsarchitekten und Architekten
2006	Bayrischer Werkbund, München: Präsentation der Arbeiten zum Thema Architektur und Konstruktion
	ETH Zürich, Professur Rüegg: Präsentation der Arbeiten mit Schwerpunkt Wohnhaus Zurlindenstrasse, Zürich
	Architekturforum Zürich: Werkschau in Form eines Thesenvortrages
2007	TU Kaiserslautern: Grossstadt Zürich, Die Entstehung des Sihlportequartieres
	Universität Hannover: Präsentation der Arbeiten mit Schwerpunkt Wohnen in der Stadt

Bibliografie

2001	Wettbewerbserfolge I. Bericht über den Beitrag zum Wettbewerb Tramwartehallen am Bahnhof-, Parade- und Bürkliplatz, Zürich. In: www.architekturforum.ch
	Bericht über den Beitrag zum Wettbewerb Tramwartehallen am Bahnhof-, Parade- und Bürkliplatz, Zürich. In: Archithese Nr. 6'01, Dezember 2001, Zürich
2005	Ein neues Ganzes. In: Tec21 Nr. 47, Zürich (Umbau Albisriederhaus, Zürich)
	Conversion of Albisriederhaus, Zurich. In: A10 Magazine Nr. 6, Amsterdam
	Wohnhaus Zurlindenstrasse 186, Zürich. In: Wohnen in Zürich. Reflexionen und Beispiele 1998–2005. Zürich: Verlag Niggli

2006	Neue Mitte. In: Archithese Nr. 4.2006, Zürich (Schulhauserweiterung Uetikon am See)
Wohnen in Zürich, Programme Reflexionen Beispiele (Wohnhaus Zurlindenstrasse 186, Zürich)
Glitzernder Gruss aus Mailand. In: SonntagsZeitung, 9. April 2006, Zürich (Wohnhaus Zurlindenstrasse 186, Zürich)
Die Form unterstreicht die Gemeinsamkeiten. In: NZZ am Sonntag. 3. September 2006, Zürich (Wohnhaus Zurlindenstrasse 186, Zürich)
Wohnskulptur mit Quartieranschluss. In: NZZ 30. September 2006, Zürich (Wohnhaus Zurlindenstrasse 186, Zürich)
Der Nabel der Wohnwelt. In SonntagsZeitung. 29. Oktober 2006, Zürich (Wohnhaus Zurlindenstrasse 186, Zürich)
Stadthaus Zurlindenstrasse in Zürich. In: ark architektur raum konstruktion Nr. 03/2006, Leinfelden-Echterdingen D (Wohnhaus Zurlindenstrasse 186, Zürich)
Abitare a Zurigo. In: Archi 5-6 2006, Bellinzona (Wohnhaus Zurlindenstrasse 186, Zürich)
Haute couture et seconde main. In: Faces 63, Carouge CH (Wohnhaus Zurlindenstrasse 186, Zürich)
Massarbeit für die Bauherrengemeinschaft. In: Bauwelt Nr. 43 November 2006, Berlin (Wohnhaus Zurlindenstrasse 186, Zürich)
Schulhaus Mitte, Ueitkon am See. In: Bauen in Beton/Construire en béton 2006/07. Bern: cemsuisse
2007	Glatte Haut, reiches Innenleben. In: Archithese Swiss Performance 07, Nr. 1'07 Januar 2007, Zürich (Wohnhaus Zurlindenstrasse 186, Zürich)
Bytovy dom prieluke. In: projekt: Slovak Architectural Review Nr 01, Januar 2007 (Wohnhaus Zurlindenstrasse 186, Zürich)
Ein zweiteiliges Ganzes. In: Werk, Bauen+Wohnen Nr. 10, Oktober 2007, Zürich (Wohnhaus Zurlindenstrasse 186, Zürich)
Lustvolle Detaildichte. In: Architektur aktuell Nr.6, Juni 2007, Wien (Wohnhaus Zurlindenstrasse 186, Zürich)
Reverenz an den Quartiergeist. In: Wohnrevue Nr. 4, April 2007, Urdorf CH (Wohnhaus Zurlindenstrasse 186, Zürich)
Erzählkultur – narrative Ansätze in Architektur und Konstruktion. In: Werkbundsiedlung Wiesenfeld München Nr. 5, Werkbundtage 2: Material und Technik (Werkschau zum Thema Architektur und Konstruktion)

Finanzielle und ideelle Unterstützung

Ein besonderer Dank gilt den Institutionen und Sponsorfirmen deren finanzielle Unterstützungen wesentlich zum Entstehen dieser Publikation beitragen. Ihr kulturelles Engagement ermöglicht ein fruchtbares Zusammenwirken von Baukultur, öffentlicher Hand, privater Förderung und Bauwirtschaft.

ABS Alternative Bank, Olten

Meier-Zosso AG, Fällanden; Innenausbau

Gamma AG, Zürich; Natur- und Kunststeine

Sto AG, Niederglatt; Fassadensysteme

Kästli & Co. AG, Bern
Sonnen- und Wetterschutzsysteme

Stüssi AG, Dällikon; Betonvorfabrikation

Keller AG, Pfungen; Ziegeleien

glaströsch
Glas Trösch Holding AG, Bützberg

H. KREINER AG
Kreiner AG, Zürich; Spenglerei, Bedachungen

VOGT+PARTNER
Treuhand und mehr.
Vogt + Partner Treuhand AG, Zürich

Schreinerei Meier AG, Zell

 ZUMTOBEL
Zumtobel Licht AG, Zürich; Beleuchtungstechnik

Quart Verlag Luzern

Anthologie – Werkberichte junger Architekten
huggenbergerfries (dt)
Müller Sigrist (dt)
Beda Dillier (dt)
Bünzli & Courvoisier (dt)
Peter Kunz (dt)
Buchner Bründler (dt)
Niklaus Graber & Christoph Steiger (dt)

De aedibus – Zeitgenössische Architekten und ihre Bauten
Bakker & Blanc (dt/e)
Markus Wespi Jérôme de Meuron (dt/e)
Bauart (dt/e und dt/f)
Knapkiewicz & Fickert (dt/e)
Marcel Ferrier (dt/e)
Wild Bär Architekten (dt/e)
Enzmann + Fischer (dt/e)
Mierta und Kurt Lazzarini (dt/e)
Rolf Mühlethaler (dt/e)
Pablo Horváth (dt/e)
Brauen + Wälchli (dt/e)
E2A Eckert Eckert Architekten (dt/e)
Lussi + Halter (dt/e)
Philipp Brühwiler (dt/e)
Scheitlin – Syfrig + Partner (dt/e)
Stadtarchitekturen – Vittorio Magnago Lampugnani (dt/e)
Bonnard Woeffray (dt/e und dt/f)
Werkstücke/Workpieces – Graber Pulver (dt/e)
Konstruktionen/Constructions – Burkhalter Sumi / Makiol Wiederkehr (dt/e)
Projekte – Gigon/Guyer (dt und e)
Figuren – Andrea Bassi (dt, f und e)
Bauwerke – Dieter Jüngling und Andreas Hagmann (dt und e)
Fünf Arbeiten – Beat Consoni (dt und e)
Abdruck Ausdruck – Max Bosshard & Christoph Luchsinger (dt)
Altneu – Miroslav Šik (dt, e und i)
Räumlinge – Valentin Bearth & Andrea Deplazes (dt, e und i)

Quart Verlag GmbH, Heinz Wirz; Verlag für Architektur und Kunst
CH-6006 Luzern; E-Mail books@quart.ch, www.quart.ch
Telefon +41 41 420 20 82, Telefax +41 41 420 20 92